La amante del escritor

Primera edición: marzo de 2026

info@preguntaediciones.com
www.preguntaediciones.com

Diseño de cubierta: Óscar Sanmartín Vargas
ISBN: 978-84-19766-93-9
Depósito legal: Z-489-2026

Printed in Spain. Impreso en España por Estilo Estugraf Impresores

Pilimar Aguilar

La amante del escritor

PREGUNTA

La poesía no quiere adeptos, quiere amantes.

Federico García Lorca

Prólogo

Prólogo

Sé tú mi prólogo,
mi epílogo,
el título de todos mis capítulos,
mis páginas en blanco,
mi cubierta estampada...

Y yo seré la sangre
que se escribe
en el umbral febril de la palabra.

I
El escritor

Todo rojo

Allí,
entre las amapolas de tu pecho,
junto al lirio escarlata
donde nunca es invierno,
con las cerezas rojas
de los besos eternos;
allí
quiero nacer, morir,
deletrear el tiempo
en primaveras, soles,
cabriolas y fuegos.

Alambique

Escritor, alquimista y alfarero:
destilan tus palabras la hermosura
del alambique, donde mi ternura
toma color y forma, con esmero.

Prestidigitador de lo imposible,
con tu magia de seda nacarada,
me hiciste una princesa, de la nada,
tras el conjuro de tu amor tangible.

Merlín del sueño, trovador del cuento,
duende de los enigmas del planeta,
transformaste mi suerte en un momento,
mezclando verso y luz en tu probeta.

Ya, para siempre, y por encantamiento,
tu rumbo marca el cielo en mi veleta.

Ajedrez

Mi adversario hoy está callado,
me mira de reojo en el espejo
cuando le digo adiós.

No sé si está pensando en mis caderas,
o soñando
con duendes,
odaliscas o hechiceras.

Yo sé
que si me doy la vuelta
estoy perdida,
porque en esta partida
de ajedrez o deseo,
todas las piezas vuelan por los aires
y me veo desnuda en el tablero.

No hay alfiles ni excusas:
la reina, prisionera;
el caballo, al ataque.
Lo que yo te decía:
jaque mate.

Sintaxis

Tiene
el imán atractivo que ejerce el adjetivo,
ese misterio etéreo que denota el pronombre,
el género preciso,
el número concreto,
la forma sin la norma,
el sonido perfecto,
el lexema en la sangre,
el morfema en el aire,
la cadencia que halaga,
la presencia que embriaga.

Tiene
la prestancia que escancia el verbo
cuando habla,
la elegancia que alcanza el alma
yuxtapuesta,
la voz de la respuesta,
la magia del contexto,
el nexo del sintagma,
la precisión del núcleo
que subrayo y adoro:
la sintaxis exacta.

2
La amante

Nenúfar

Es
nenúfar
y flota en el estanque,
es
pétalos abiertos a la luz
y arco iris surgiendo.

Aunque a veces,
las raíces la arrastran hasta el fondo,
es nenúfar
y escribe
sobre el lodo,
crisálida invencible,
amor sin límite.

Partitura

Tuve música y letra,
pero no tuve tiempo.

Tuve que hacer la cena
y estudiar la carrera
y cuidar de los niños
y llevarlos al parque
y contarles un cuento
y repasar las cuentas
y rendir en la escuela
y llenar la nevera,
y no encontré el momento
de ordenar mis poemas.

Hoy, el tiempo me tiene
y escribo en la ternura
de tu mano extendida
como una partitura.

Uno de estos días

Uno de estos días,
cuando no tenga miedo a los aviones,
cuando aprenda a orientarme por el sol,
cuando sea capaz de hacer un fuego,
un torniquete o la voltereta lateral
y consiga cambiar la tinta de la impresora...

Uno de estos días,
cuando salga a la calle sin el móvil,
sin bolso, sin las llaves ni el reloj,
cuando no me den fobia los insectos,
cuando el silencio no me desbarate,
cuando los frascos no se me resistan,
cuando supere el vértigo y el pánico
que sufro en los parques de atracciones...

Uno de estos días,
cuando vuelva a tener dieciséis años,
cuando nada nos frene ni nos mengüe,
cuando el sol no te ciegue,
cuando solo me importe que te quiero;
pronunciaré tu nombre,

te besaré despacio,
bailaré para ti,
deshojaré los libros
que una vez me escribiste,
aunque nunca supieras que eran para mí,
y saltaré al vacío esperando tus brazos.

Una de estas noches,
cuando la luna imprima en tu ventana
con nuevos bríos el color azul,
creo
que te voy a llevar
a ver el mar.

Verso desnudo

Nace la poesía
cuando llega a tu vida
sutil, con el latido
de algún verso desnudo,
a corazón abierto,
absorto,
ciego,
crudo,
que te escribe en el viento
la palabra querida.

Crece la poesía
al sentir el aliento,
la música,
la letra,
la fuerza de la rima,
la ilusión
que emociona,
la promesa
que anida,
el delirio
que, a veces,
produce encantamiento.

Vive la poesía
porque reta a la muerte
en la hoja
que brota,
en el sol
que amanece,
en los ojos
que temen
el dolor de no verte,
en la cuna
que escucha
la canción
que nos mece.

Y sonará
contigo,
junto a tu cuerpo
inerte,
la poesía viva,
porque te pertenece.

3
Los otros

Padres, partos...

Padres,
partos,
piedras,
puertas.

Hijos,
hojas,
presos,
besos.

Dueños,
sueños,
libros,
libres.

Prisas,
prosas,
posos,
pesos.

Alas,
olas,

cauces,
sauces,

Rosas,
risas,
rasos,
rezos.

Lilas,
lunas,
duendes,
dunas.

Brisas,
brazos,
brasas,
versos…

No importa

Ya viví
    los pronombres,
ya estudié
    mis lecciones
y cumplí
    mis deberes.

No importa
    lo que somos,
no me preguntes
    nada
ni me digas
    quién eres.

Solo
    me reconforta
    esta ilusión de hoy
y saber,
    aunque nadie lo sepa,
    que me quieres.

4
El vértigo

Compás

Me rozas en el alma
con un tímido adagio
acompasado,
como susurra el mar,
tembloroso y festivo,
en el acantilado.

Vértigo

A veces, el verano se desnuda
y te devuelve el vértigo
divino de vivir.

Barruntas que se anuncian
gaviotas imposibles en la cálida tarde
entre las nubes rojas de un cielo embravecido
y brota una sonrisa en tu playa sin sol.

Caprichoso, el azar
se rinde a tu favor,
amarra su velero, se vara frente a ti
y adivina los versos-jirones de tu alma.

Ese destino incierto
se adentra entre las aguas turquesas de tus ojos,
te pinta las mejillas de un coral atrevido,
y perfila tu boca más que tu gratitud.

De repente, tu cuerpo
reconoce una Atlántida,
mares que fueron tuyos,

arrecifes de antaño,
dorados horizontes;

y es cuando descubres,
a pesar de lo ingrato
y del dolor que invade tus naufragios inútiles,
que todavía queda
mucha fuerza al timón.

Poseidón se complace
contigo y tus renuncias,
embrida sus caballos marinos y celestes,
te desancla del duelo, de la melancolía
y te ofrece una isla
de esperanza y confines.

Los dioses y las ninfas
traen a tus oídos
ilusos espejismos,
sirenas de ultramar.

Las palabras navegan
en tu mente dormida,
La tempestad de verbos
te emborracha de ardor.

De pronto, te parece
que es otra quien escucha,
y sientes que una ola
te coge de la mano,
te vence y te sumerge
en un libro sin páginas,
océano sin nombre,
tsunami de caricias,
paraíso de nácar,
archipiélago azul.

La marea te sube,
te empuja, te engalana,
te engarza, te acelera,
te devuelve tesoros
que alguna vez soñaste.

Una luz infinita
te despierta en la orilla.
y te devuelve el vértigo
divino de vivir.

Eslabones

Sólo tuya y del aire.

Del aire,
que me atrajo de pronto a tu ventana;
ventana
que ofrecía la sombra de tu espalda;
espalda
que añoraba en mis noches sin luna;
luna imaginada
que poblaba tu frente de silencios;
silencios
que gestaban nuestros sueños,
sueños
que ya van tomando cuerpo.

De tu cuerpo y tu alma,
sólo tuya;
sólo tuya y del aire.

Enamorarse

Las cosas se enamoran de las cosas:
el lápiz de la goma, el hilo de la aguja,
la funda de las gafas, la merienda del pan.

Las cosas necesitan de las cosas:
la puerta de su llave, el frasco de su tape,
el ruido del silencio, el botón del ojal.

Las cosas se entusiasman con las cosas:
el cielo con las nubes, el viento con las hojas,
la vela con la llama, la arena con el mar.

Las cosas se fusionan con las cosas:
el martillo y el clavo, la silla con la mesa,
la copa con el vino, el hierro y el imán,
tus manos con mis manos, tus ojos con mis ojos,
tus labios con mis labios, tu azúcar con mi sal.

Las letras se entremezclan con las letras
como tu consonante en mi vocal.
El universo es plácido y certero
cuando todo se encuentra en su lugar.

Eterno latir

Epítetos de amor
para tu oído,
sustantivos de luz
bebe mi boca,
sinfonía de verbos
que trastoca el corazón.
Es poco lo que pido.

Tú me das continente
y contenido,
y yo te doy
la rima y la cadencia;
uniendo inspiración,
ritmo y paciencia,
se escribe nuestro libro con sentido.

Que no nos falte nunca
lo que amamos
de la prosa y del verso,
y se nos abra la página encendida.

Modelamos
con la voz requerida
y se relabra
la talla del lenguaje
que adoramos:
el eterno latir de la palabra.

5
El deseo

Esa luz

Con esa luz
que envuelve
el caer de la tarde,
ese color
que apenas
dura sólo
un instante
tiñendo
de carmines
la inocencia
del aire...

Con tu brillo
de ámbar,
encendida
la sangre;
así vienes a mí:
directo,
firme,
suave.

Y en la penumbra

plácida
de la flor
de la carne,
me alumbras,
me enajenas,
me atardeces,
me sabes.

Duende

No podrás detenerlo.

El deseo es un duende
que prende caricias
en un cielo negro,
la tormenta
que se va gestando
y se ve de lejos,
la delicia del río atrevido
que inunda la tierra
de risas y besos,
el delirio que nos diferencia
de los que están muertos.

No podrás detenerlo.
El deseo es un duende
que amarra la carne
y enciende los huesos.

Cerezas

No sé qué haría yo
sin las cerezas:
tan redondas, tan bellas,
tan sabrosas, tan rojas,
sedosas y perfectas.

Todo el año esperándolas,
suplicando por ellas,
soñando con la dulce
sensación de tenerlas
a mano y en la boca,
para después morderlas,
con suavidad, delirio,
éxtasis y firmeza.

Yo no tengo medida,
no sé quedarme a medias;
las comería todas
hasta ponerme enferma,
hasta sentir la pulpa
del placer que no cesa,
el corazón del ángel del verano
que en secreto me besa.

Noctámbulo

Inevitable, el sol se desdibuja
entre sombras azules de misterio
y escucho los suspiros de la noche
que viene a visitarme en mi desvelo.

Estoy viva y cimbrea mi cintura
sobre la eterna imagen del espejo
que me devuelve el trino adolescente
de la cadencia íntima del verso.

Dime que nunca es tarde para el vino
que beben los amantes en silencio,
en la faz de la luna zalamera,
con el trémulo ardor que ronda el sueño.

Desnúdate

Desnúdate, me dices, mientras oigo
ese tono de voz que ya conozco.
Desnúdate, me miras y presiento
esa avalancha añil que viene a mí.

Ávida, me desnudo y tú dispones
las luces y cojines a tu antojo,
cuidando los detalles, a la espera
de la aceleración de los latidos.

No me quieres vestida ni peinada,
te estorba hasta la cinta de mi pelo.
Sólo mi piel sin nada te interesa;
en tus piernas, la seda de mis piernas.

Crecen la fantasía y el delirio,
la humedad de los labios, los suspiros,
las sorpresas del mago en la chistera,
ese idioma que sólo es tuyo y y mío.

Me siento virgen, joven, deseable,
cada vez que tocas donde nadie
supo de mis montañas y laderas,
de mis grutas salvajes, de mis playas.

Nuestras respiraciones se acompasan
agitándose al ritmo del deseo,
formando una maraña derretida
de atrevidas caricias y descaro.

Atento me regalas al oído
vocablos o relatos inventados,
historias que soñamos siendo otros
personajes fantásticos y audaces.

Liviana me sumerjo en tus océanos,
cauteloso navegas mi cintura,
cabalgamos por cimas y llanuras
hasta alcanzar el cénit innombrable.

Porque somos dos cuerpos que se ofrecen
generosos, eternos, complacientes
volcanes cuya lava no se acaba;
el propio sol envidia nuestro fuego.

Y te quedas dormido entre mis brazos
con el verso prendido de mi pecho,
unidos en la estrofa de la dicha,
rimando corazón con corazón.

El cuadro de Tiziano

Una esquina del cuadro se adueña silenciosa
del éxtasis que siente el alma enardecida,
indiferente al mundo, compartiendo en secreto
el radiante regalo de su sensualidad.

Un cuerpo exhausto yace sobre la tierra y guarda
el cielo en su interior. Los dioses le conceden
amar y ser amada, como fruta granada
que derrama su almíbar en todo cuando da.

Nívea, suave seda, como jazmín florece
y embriaga con su aroma la luz del horizonte.
No hay nada más hermoso que el desmayo
    que albergan
dos que sueñan amarse justo después de amar.

Sábanas

Todo cobra color al calor de las sábanas:
la caricia, el silencio, la intención, el latido,
la sorpresa, el delirio, el ímpetu, el gemido,
el océano fértil de tu mirada diáfana.

Todo puede nacer cuando el día se acaba:
el mar, la brisa, el sol, la flor, la primavera,
el oasis, la duna, el dátil, la palmera
y el fuego crepitando en medio de la lava.

Todo tiene cabida entre el juego y la risa
en esta magia nuestra de fiesta y juventud,
donde telas y anhelos se entrelazan sin prisa.

En la penumbra siento mucho mejor la luz
y el nácar de la pátina que mi alma precisa,
mecida entre las sábanas mientras me miras tú.

Caníbal

Yo devoro la carne de tus letras
y me bebo los jugos de tus páginas,
tus frases recién hechas me deleitan
hasta nublarme el alma y la garganta.

Soy caníbal, contemplo boquiabierta
el embrujo febril de tus palabras;
la sal de tus historias me enajena
y el fin de tus capítulos me embriaga.

Dame más, quiero más, no te detengas,
no me pidas que espere hasta mañana.
Me podría morir, si no me entregas
los folios que mis ojos te demandan.

Aquí estoy, suplicando que me ofrezcas
savia nueva, diálogos, hazañas...
No me traigas manteles ni bandejas.
¡Soy caníbal! Te como las entrañas.

Regalo

Quiero que se me claven tus uñas y tus dientes,
que se me engarcen tus vidas y tus muertes,
que me arranques el miedo,
que me amarres del pelo
y me hagas reina.

Quiero que se empadrone tu risa en mi boca
y se me olvide el nombre de las cosas.

Querer, lo quiero todo, desde ahora,
lo que no pudo ser desde el principio.

Pero que nada sea preciso,
para que todo sea un regalo.

6
La duda

Poema efímero

La brisa es lapicero entre las olas
y va escribiendo en blanco sobre azul
metáforas de espuma y caracolas,
poema efímero, que navega a
la luz.

Erizo

De
pronto,
soy erizo
y me afilo
las púas
en el acero
pétreo
de mi sombra
sin luna.

Pero no te confundas,
no quise hacerte daño:

mis plumas
solamente
eran para escribir.

Lástima

Ojalá yo pudiera,
suave como la brisa
o melosa como una balada,
acunarte despacio entre mis brazos,
con la delicadeza de la espuma
que acaricia la arena de la playa.

Lo que daría yo
por perderme tranquila en tu mirada
y respirar pausada por tu bosque de helechos,
hablarte contenida,
organizar las cosas de una en una,
concentrar mis anhelos,
sujetar mis extremos...

Me gustaría tanto
procurarte la calma
de la marga que espera sigilosa
y quererte paciente
como hiedra que abraza al abedul.

Lástima
que la naturaleza distraída
me haya elegido
para ser ciclón.

Malabares

Provisional,
la luz del universo,
el éxito y el vértigo,
la máscara y la pértiga.

Provisional,
el verde azul del mar.

Eternos son los besos que no duermen;
infinitos, los sueños salvavidas;
inmortal, la palabra
como red que nos brinda,
sobre la cuerda floja cotidiana,
malabares
de amor.

Núcleo

Descúbreme
uno a uno
los estratos del fondo
de la tierra o del alma,
hasta llegar
al núcleo
donde mi amor te aguarda.

Y quítame
la duda,
la vergüenza,
las ganas
de morirme contigo
para que ya no pueda
decir ni una palabra.

7
El amor

Quinientos dedos

A veces,
yo quisiera tener quinientos dedos
como una enredadera,
como el duende del cuento,
para trepar feliz,
incauta,
a paso lento,
explorar las paredes vírgenes de tu cuerpo,
adentrarme en tus valles,
alumbrar tus inviernos,
acariciar la selva
dorada de tu pecho,
fundir los recovecos de tu volcán secreto
y prenderme del rico almíbar de tu aliento.

A veces,
yo quisiera tener quinientos dedos,
con sus miles de alas
y millones de vuelos,
para alcanzar apenas las nubes de tus sueños
y allí
tocar el cielo.

Quinientos dedos,
para escribir después,
por la noche,
en silencio,
en todos los poemas del mundo,
que te quiero.

Novia

Serás eterna novia,
eterna enamorada,
eterna prometida,
amante ilimitada.

Con flores en los ojos
y racimos de besos,
llevarás en las manos
tu ramo de caricias,
                    metáforas, renuncias
                    alegrías y versos.

Te ganarás la luz
y el pan, cada mañana;
te ofrecerás mil veces
como tierra labrada.

Dueña de la promesa
del velo y de las arras,
alcanzarás el cielo y abrazarás la nada.
Afrodita sin cetro, princesa de tus cuentos,
soñarás lo improbable, camino del silencio.

Con flores en los ojos
y racimos de besos,
llegarás al altar en la cima del tiempo,
llevando entre las manos
tu ramo de caricias,
                    metáforas, renuncias,
                    alegrías y versos.

Mudanza

Se ha fundido tu pena con mi pena
y se ha extinguido toda en un suspiro,
convirtiendo tu roca en fina arena,
transformando mi sed en rico vino.

Se han mezclado tus cosas con mis cosas,
madera y mimbre, arpillera y lino,
dos alas de la misma mariposa,
dos senderos y un cruce en el camino.

Se ha casado tu casa con mi casa
para formar un nuevo hogar, ahora
que casi nadie arriesga cuando pasa
la ráfaga de amor que nos desborda.

Agua

Del lago
manará un río;
y desde el río,
amor mío,
buscaremos
un camino
hacia el mar
alegre y bravo.

Ese mar
nuestro y distinto,
nos llevará
hasta el océano.

Allí pondremos la casa,
el sol, el verbo, el verano,
el valle, el árbol, la flor
y un oasis de milagros.

Que no ha de faltarte agua
en el libro de mis manos.

Quererte

Sentirte distraído,
ausente, aquí a mi lado,
devanando el ovillo
del recuerdo olvidado.

Sonreír mientras miro
tu semblante sereno,
escuchar las historias
que teclean tus dedos.

Soñarte mientras quitas
de tus hombros la escarcha
y verte regresar
de nuevo a las montañas.

Conocerte despacio,
a la sombra, en las cuevas,
sin miedos, sin motivos,
sin puentes ni trincheras.

Rozarte suavemente
como el viento a la hierba.

Y amarte, sin pedirte
que tú también me quieras.

Tenerte sin tenerte,
sin hablar ni pensar,
pintarte azul y verde,
como se sueña el mar.

Me gusta cuando cantas

Me gusta cuando cantas por la casa
tarareando en un idioma nuevo
y, sin querer, alcanzas distraído
un nirvana de niño sin lamento.

Te percibo feliz y me parece
que quisieras decirme, sin contarme,
que no te pesa el alma ni te duele
la voz que no entonabas hace tiempo.

Me gusta cuando cantas por la casa
porque me siento hogar, refugio, infancia,
horno de magdalenas recién hechas,
alegría del sol por la mañana,

diario donde duermen tus recuerdos,
peonza, tirachinas, tren eléctrico,
soldaditos, espadas, cromos, cuentos,
todo lo que ya nunca echas de menos.

Arrebato

Me llamaste, corriste por el pasillo
y me dijiste:
«¡Tienes que venir, ven, rápido, cariño!».
Yo, que estaba sentada en el salón terminando
de cenar,
me levanté deprisa y me calcé,
aturdida y alerta,
como si fuera a la guerra.
Pensé que había ocurrido algo
en las habitaciones:
una mosquitera desprendida,
una araña gigante,
un mensaje imprevisto en el ordenador,
una desgracia...
Pero no.
Todo parecía en orden
con el desorden de siempre.
Señalaste la pantalla
y luego me pusiste
las manos en la cintura.
Te pegaste a mi cuello, a mi pecho,
a mi vientre y bailamos.

Bailamos, bailamos, bailamos,
en un despacho que está lleno de libros.
Tú no dijiste nada, ni una sola palabra.
Te noté jadear y ser feliz.
De fondo se escuchaba «Perfect»
y de cerca, el sonido agitado de tu respiración.
Mientras yo tarareaba algunas frases
en un inglés adolescente,
tratando de retener ese momento
para el resto de mi vida,
agradecí a los dioses
la luz de tu arrebato
y adiviné en tus ojos
un frenesí carnal.

Renacer

Reencontrar la voz, reconocer las huellas,
reciclar el dolor
al remendar las redes,
remar hacia la orilla
y recordar que
puedes
reencarnar la luz que duerme en las estrellas,
recuperar el verde escondido en los ojos,
revivir la esperanza,
reinstaurar el consuelo,
retomar el latido,
recomponer el
vuelo,
resucitar los sueños zurciendo los despojos,
respirar reiniciando el ritmo de la vida,
repintar la alborada,
redimir el placer,
restaurar la ilusión
al restañar la
herida,
recobrar el sentido de los retos de ayer,
rescatar la alegría

que dimos por perdida
y renombrar el alma

que quiere renacer.

8
La palabra

Certeza

Porque la tierra vierte su latido
y el cielo brama inmensurable y fiero,
con la apoteosis de la tarde
y el corazón adolescente ardiendo.

Porque el silencio es cómplice del tacto
y los ojos se escapan y se expanden,
porque hablar es un riesgo inevitable
de intimidad salvaje.

Porque todo está dicho
pero nada se sabe,
porque el beso está impreso
en el velo del aire,
tenemos la certeza
y la alegría
de que la poesía
nos abre una esperanza inabarcable.

Rima

Amo la poesía como el niño
ama los tiernos brazos de su madre,
y busco el sustantivo que me cuadre
haciendo del poema sólo un guiño.

Pero, por más que intente, nunca encuentro
una sencilla frase que defina
con agudeza exacta y cristalina
el inmenso caudal que llevo dentro.

Es en tus ojos donde está mi rima,
y en tu palabra, donde yo me escucho:
a tu lado, lo eterno se aproxima.

Un instante en tu boca es más que mucho;
de tu mano, he subido hasta la cima
porque contigo vibro, escribo y lucho.

Nuevo

Siempre es nuevo el amor:
eclosiona y despliega su ciego resplandor
cada vez que te alcanza.

Cuando menos lo esperas,
te vuelve del revés y te desarma.

Y, aunque lo estés llamando,
conforme va llegando, feroz te desbarata.

Siempre es nuevo el amor,
siempre extiende en el aire suaves sábanas
blancas,
siempre estrena un rubor, una voz, una
lámpara,
con su velo de nata, con su aroma de miel
y sus manos de plata.

Si te empuja y te calma, si te eleva y te ancla,
el amor no caduca,
no marchita, no acaba.

Nace
y ya te sostiene,
te ilusiona, te lanza, te transforma, te dobla,
te imagina, te irradia, te respira, te palpa,
te penetra y te marca;
te hace imprescindible,
te eterniza y te salva.

Siempre es nuevo el amor,
si inventa para ti
un lenguaje distinto con las mismas palabras.

Barco

Navegaremos juntos
este océano nuestro
de versos y de párrafos,
de rimas y relatos,
con piratas y náufragos,
con sirenas y albatros,
en un íntimo barco
de negro sobre blanco.

Caligrafía

Dibuja sobre mis curvas
las letras del alfabeto
y escríbeme una novela
donde yo recito un verso.

Bendita caligrafía,
tatuaje de mimo y besos.
Rúbricas de fantasía
al final de cada texto.

Testamento tejido

Si algún día despiertas
sin mi piel en las sábanas,
porque la edad me tiembla
o la muerte me alcanza...
Si algún día despiertas
sin mi voz en tu espalda,
porque escribir no puedo
o las musas se acaban...
Te he dejado mis versos
tejidos en la almohada,
para que siempre tengas
una red, una manta,
un nido, una bufanda,
un sueño, una esperanza,
o lo que tú comprendas
que pueda hacerte falta,
para que siempre tengas,
a mano, mi palabra.

Así

Así,
con los regalos de la higuera,
en la caricia de la enredadera,
con la tenacidad de la palmera
y el triunfo inusitado del laurel.
Así,
todo me sabe a sol y a miel.

Así,
con el perfume de la menta,
el color atrevido de la huerta,
la tímida humedad tras la tormenta
y el eterno capricho del olivo.
Así,
tu corazón cerca del mío.

Así,
junto al abrazo de la parra,
con el hechizo de la salamandra,
donde los pinos sueñan, vuelan, cantan,
y nos seduce el baile del bambú.
Así,
con tu silencio, a media luz.

La amante del escritor

Donde el cielo se acuesta
con la tierra,
donde la voz se hila
y se devana,
donde el tiempo se pierde
y se diluye
en ráfagas de besos y luciérnagas.

Donde no pesa el aire
ni la historia
y se instala sutil
la primavera,
escancia el vino
un verso adolescente
cimbreando el delirio y la inocencia.

Allí, la luna late estremecida
con el íntimo lazo azul del sol.
Es la palabra, cómplice y cautiva,
la amante del escritor.

Índice

Prólogo

11 Prólogo

1. El escritor

15 Todo rojo
16 Alambique
17 Ajedrez
18 Sintaxis

2. La amante

21 Nenúfar
22 Partitura
23 Uno de estos días
25 Verso desnudo

3. Los otros

29 Padres, partos...
31 No importa

4. El vértigo

35 Compás
36 Vértigo

39 Eslabones
40 Enamorarse
41 Eterno latir

5. El deseo

45 Esa luz
47 Duende
48 Cerezas
49 Noctámbulo
50 Desnúdate
52 El cuadro de Tiziano
53 Sábanas
54 Caníbal
55 Regalo

6. La duda

59 Poema efímero
60 Erizo
61 Lástima
63 Malabares
64 Núcleo

7. El amor

67 Quinientos dedos
69 Novia
71 Mudanza

72 Agua
73 Quererte
75 Me gusta cuando cantas
76 Arrebato
78 Renacer

8. La palabra

83 Certeza
84 Rima
85 Nuevo
87 Barco
88 Caligrafía
89 Testamento tejido
90 Así
91 La amante del escritor

Títulos publicados

PREGUNTA
ediciones

Relatos

Las pérdidas rojas. Chusa Garcés
Cuentos detrás de la puerta. Begoña Abad
Amor, blanco roto. Chusa Garcés
Letras de tinta. Lourdes Aso Torralba
Baños de Panticosa. Premios Literarios. Varios autores
Sobreexposición. Laura Bordonaba Plou
Desde el otro lado. Prosas concisas. Fernando Aínsa
Buscando los orígenes de aquello. Irene Achón, María Jesús Artigas, Alberto Delmalo, Ana García, Coral González, Anabel Hernández, Aitana Muñoz, María José Pardo, Eva Pardos, Elisa Pérez, Manuel Pinos, Pilar Royo
Brioleta. Encuentro de escritoras aragonesas. Lourdes Aso Torralba, María Pilar Benítez Marco, Elena Gusano Galindo, Chusa Garcés, Blanca Langa Hernández, Angélica Morales, Marta Navarro, Almudena Vidorreta
Los soñadores. Roberto Malo
Bilbilitanos en la historia. Ricardo Ramos Rodríguez
El dolor del cristal. Sergio Royo
Polar. Laura Bordonaba Plou
La prueba final y otras historias cortas. Ganadores del Certamen de Cuentos y Relatos Breves Junto al Fogaril
Viviendo en tiempo brutal. Sergio Royo
Contemplación. Franz Kafka
Zaragoza turbia. José María Tamparillas
Sabor metálico. Eva Pardos Viartola
Cuentos esféricos. Chema González
Canciones tristes que te alegran el día. Miguel Mena
Todo es agua. Begoña Fidalgo
Mar de lejos. Manuel Pinos
Y de repente esta lluvia. Sergio Royo
De bares y mujeres. Marta Armingol, Olga Asensio, Laura Bordonaba Plou, Clara Castán Ibarz, Begoña Fidalgo, Paula Figols, Chusa Garcés, Magdalena Lasala, Elvira Lozano, Rosa Martínez, Angélica Morales, Eva Pardos Viartola, Clara S. Mendívil, Laura Serrano
Diáspora. Isabel Gutiérrez Cía
Relatos de La Flama. María Jesús Artigas, Emilia Bayod, Marta Gascón, Clara Járboles, Merche Llop Alfonso, Abraham José Mendoza Diloy, Eva Pardos Viartola, Alfredo Pérez, Elisa Pérez Ibarra, Manuel Pinos, María José Sanjuán, Wenceslao Varona López, Gloria Verdoy
Un martes cualquiera. Laura Latorre Molins
Con voz y voto. Pioneras americanas del relato social y la ciencia ficción y tres piezas del teatro sufragista británico. Edición de Isabel Alquézar y Berta Lázaro
Todos los crímenes del mundo. Sergio Royo
Un punto de destello. Pecker
Todos·los·santos. Jorge Martínez
Periferias del deseo. Antón Castro
Vida. Ramón Acín

Novela

El último concierto de David Salas. Roberto Malo
Crónica de un deseo. Antonio Ventura
Verde mar del norte. Clara Castán Ibarz
La brújula del universo. Mario de los Santos
El eco entre la bruma. Ricardo Ramos Rodríguez
Las sombras del Imperio. Ricardo Ramos Rodríguez
La movida que te salvó. Mariano Pinós

Merecer la vida. Laura Serrano
Cariñena. Antón Castro
Los días blancos. Marta Armingol
Declive. Fernando Rivarés
Canciones ligeras. Miguel Mena
Hannibaal. Miguel Carcasona
Inventario de monos. Galgo Cabanas (Mario de los Santos y Óscar Sipán)
De viento y sal. Clara S. Mendívil
Jimena. Magdalena Lasala
Catorce. Paula Figols
El silencio y su canción. Ángel Gracia
Marta. Víctor Juan
La nota muerta. Rosa Martínez
Para cenar, aire. Pedro Bosqued
Las batallas perdidas. Jaime Tomás
La fugitiva. Clara Járboles
Alcohol de quemar. Miguel Mena
La casa de los dioses de alabastro. Magdalena Lasala
Tristán. La ética del monstruo. Javier Romero Collazos
Puente de Hierro. Miguel Mena
Máscara. Ricardo Ramos Rodríguez
Leopardos en el diván. Gonzalo Fontana Elboj
Lucífugo. José María Tamparillas
Bendita calamidad. Miguel Mena
La estirpe de la mariposa. Magdalena Lasala
El colapso de la colmena. Julia Jiménez Carrera
Los Hijos de Hura. Abdelrahim Kamal
Dinero caído del cielo. Reyes Salvador
No podría estar más contenta. Marisol Aznar y María Frisa
Leitmotiv. Sergio Sarsa
Profanación. Ramón Acín
Onda Media. Miguel Mena
Proyecto Sada. Javier Gastón
La vista atrás. Laura Serrano
Pájaros azules en Roma. Miguel Ángel Nievas
Alerta Bécquer. Miguel Mena
Taquicardia. Teresa Álvarez
Moncayo estrés. Miguel Mena
Eva, la bibliotecaria. Ignacio Sanz
Las lechuzas no son lo que parecen. Noemi Risco Mateo
Los ojos tras la montaña. Pablo Fantova Ullod
La última heredera. Magdalena Lasala
Evelyn y Lizzy. Un homenaje a Jane Austen. Eva Morera
El amor y la muerte. La tragedia de Eloísa y Abelardo. José Luis Corral
Moracanta. Julia Jiménez Carrera
Reyes de Aragón. La novela. Santiago Morata
La melancolía de la nieve. Manuel Castelló
La mujer de Marcos. Sol Otto
Malaria. José Luis Esteban

Poesía

Litiasis. Manuel M. Forega
Todas las religiones son una / No hay religión natural. William Blake
Estoy poeta (o diferentes maneras de estar sobre la Tierra). Begoña Abad
AntiaéreA. Encuentro poético en Zaragoza. Carmen Camacho, Alicia García Núñez, Marta Navarro, Chus Pato, Inés Povar, Miriam Reyes, Sandra Santana, Hermanas del Hambre (Elisa Berna y Charo de la Varga)
Todo estalla dicho. Elvira Lozano

La experiencia de la poesía. Ángel Guinda
AntiaéreA II. Poesía encontrada en Zaragoza. Ajo, Eva Antón Bravo, Zhivka Baltadzhieva, Isabel Bono, Javier Corcobado, Cristina Járboles, Laia López Manrique, David Mayor, Carmen Ruiz Fleta
Diez años de sol y edad. Antología 2006-2016. Begoña Abad
Alud. Javier Fajarnés Durán
Los países de piedra. Pablo Javier Pérez López
Existe algún lugar en donde nadie. Juan Pablo Roa
Te mataré mientras vivas (Coronación supersónica). Raúl Herrero
La ciudad y el cuchillo. Javier Fajarnés Durán
Vidrieras. Laurent Tailhade
El tiempo de las alambradas. Antología poética. Antonio Orihuela
Esta vida verde. Antología poética. Lyn Coffin
Las palabras son nocivas. Antología poética. Amador Palacios
Las locuras ya no son locuras. Antología poética. Ferruccio Brugnaro
El techo de los árboles. Begoña Abad
Satirologio. Epigramas del siglo XXI. José Verón Gormaz
Caballo de mina. Gerardo Vacana
Big Bang. José Luis Esteban
Los signos en el agua. Noventa y nueve poemas. Joaquín Sánchez Vallés
Avanza el olvido. Javier Ramón Jarne
Fábrica de la seda. Miguel Ángel Curiel
Casa junto al arrecife. Enrique Ariño Gil
Trivium. Marcos Castillo Monsegur
El lenguaje de las ballenas. Begoña Abad
El libro de horas. Rainer Maria Rilke
Gran Guiñol. Miguel Ángel Ortiz Albero
Cantares y presagios. José Verón Gormaz
Marcha por el desierto. Sandra Santana
Una guitarra de contrabando. Gerardo Vacana
Diccionario de garzas y de mirlos. Pablo Javier Pérez López
Piedra y tijeras. Nacho Tajahuerce
#MedeaHaVuelto. Angélica Morales
Madres. Begoña Abad
Todas las moradas de mi aliento. Jacques Meylan
Razón de espera. Rafael Lobarte Fontecha
Poesía. Guido Cavalcanti
Tránsito. María Pilar Martínez Barca
Viejo. Sergio Gómez
Barro. Miguel Ángel Curiel
Historia del mundo antiguo. Joaquín Sánchez Vallés
Este día, este momento. Juan Pablo Roa
El miedo del doble a la soledad. Rosa Martínez
Un vuelo sin la mecánica adecuada. Pecker
Brioleta volumen 2. Poesía aragonesa en femenino. Carmen Aliaga, María Pilar Benítez Marco, Mar Blanco, Marta Domínguez Alonso, María Dubón, Ana Giménez Betrán, Reyes Guillén, Blanca Langa Hernández, Angélica Morales, Trinidad Ruiz Marcellán, Helena Santolaya y Carlota Urgel
Entre el huerto y el corral y otros versos. Gerardo Vacana
Cantar cuarenta. Cancionero completo 1983-2023. Gabriel Sopeña
Sálvida. Sofía Díaz Gotor
La fuerza de la tierra. Paula Martínez
Ahab. Antología poética. Carlos Ramos
Enseres del invierno. Miguel Carcasona
A la izquierda del padre. Begoña Abad
La muerte se llama Juan. Joaquín Sánchez Vallés
Y ¡PUM! Un tiro al pajarito. Sandra Santana
La vida de María. Rainer Maria Rilke

Lamia, Isabella, La víspera de Santa Inés y otros poemas. John Keats
Un fuerte abrazo. Homenaje al poeta David González. Patxi Irurzun y Nacho Tajahuerce (coords.)
Los puntos cardinales. Rafael Lobarte Fontecha
Llaves para una revolución. Begoña Abad
Unheimlich. pierre d. la
Los dones. Begoña Abad y Raquel Marín
Luciérnagas. Marcos Castillo Monsegur
Astrocanto. Sofía Díaz Gotor
Todavía respiro. María Álvarez
La inconfundible cicatriz de mi deseo. Poemas de amor. Begoña Abad
La amante del escritor. Pilimar Aguilar

Libro ilustrado

El dibujante de relatos. Antón Castro y Juan Tudela
La península de Cilemaga. Helena Santolaya
Marcianos. Sergio Algora y Óscar Sanmartín
La odisea de Fortunato. Pere Inglés y David Girón
Las aventuras de Juan Lázaro. Rafael Yuste Oliete y Pedro Ricardo Polo Cutando

No ficción

Reconstrucción. Miguel Ángel Ortiz Albero
Sahara Occidental. Cuarenta años construyendo resistencia. Varios autores
Residencia y tránsito de las letras en Aragón. Fernando Aínsa
Diario de campo de un psicólogo en un club de fútbol. Luis Cantarero
Marcelino. Muerte y vida de un payaso. Víctor Casanova Abós
Aragón en el sistema solar. Carlos Garcés Manau
Los poetas malditos. Paul Verlaine
Poetas y poéticas. Ensayos. Amador Palacios
Del espejismo de la revolución a la venganza de la victoria. Guerra y posguerra en Barbastro y el Somontano (1936-1945). José María Azpíroz Pascual
Nerín. Memorias compartidas. Varios autores. Edición de Rafael Latre
Sahara Occidental. Del abandono colonial a la construcción de un estado. Varios autores
El hombre elefante. Frederick Treves
Pasaron por aquí. Antón Castro
Nacer para aprender, volar para vivir. Un acercamiento a la poesía de Begoña Abad. José María García Linares
¡Cállate, papá! Padres y violencias en el fútbol industrial. Luis Cantarero
Metodologías activas en el aula. Varios autores
Gamificación educativa. Varios autores
El viaje exterior. Ensayos censores IV. Manuel Martínez-Forega
Teruel. Otra dimensión. Juan Villalba Sebastián
Opiniones de mujeres. María Domínguez
La guerra de los robots. Cómo la tecnología está cambiando los conflictos armados. Francisco Rubio Damián
La escritura por venir. Ensayos sobre arte y literatura en los siglos XX y XXI. Sandra Santana
La vida al alcance de la mano. La discapacidad a través de mi historia. Álex Sánchez
El viaje exterior. Ensayos censores V. Manuel Martínez-Forega
El camino de la serpiente. Escritos ocultistas. Fernando Pessoa
La jota, aragonesa y cosmopolita. De San Petersburgo a Nueva York. Marta Vela
El bazar infinito. Rutas y mares entre Oriente y Occidente. Alberto Cebrián
Ríos que mueren sin mar. Viaje por las culturas de Asia central. Enrique Ariño Gil
Humanizar el fútbol. Deporte y transformación social. Julio Salinas y Luis Cantarero (coords.)
Tú eres antes que todo. Correspondencia de Ramón Acín y Conchita Monrás. Víctor Juan
Adolescentes del siglo XXI. Técnicas de liderazgo parental. Marisa Felipe
Aurora y la celiaquía. Laura Marín
Zaragoza. Historias de ida y vuelta. Miguel Mena
Aragón. Formas de ser. Miguel Mena
Viaje al mar. Diario de un nabatero. Kike Fernández
Un violinista en el Titanic. Tribulaciones de un heterodoxo. Ángel Garcés Sanagustín
Diario del último año. Florbela Espanca
Juan de Velasco, primer maestre de campo de la Ciudadela de Jaca. Marcos Mayorga

Creatividad de andar por clase. Asunción Porta
Albarracín. Un viaje en el tiempo. Juan Villalba Sebastián
Diálogos en cautividad. Antón Castro
Deambulatorio. Miguel Ángel Ortiz Albero
Mauricio Aznar y Almagato. La historia. Jaime González
Máquinas que cuentan historias. La inteligencia artificial y la literatura del futuro. Varios autores
Cincuenta estaciones europeas. Catedrales de la modernidad. Alfonso Marco
La jota, aragonesa y liberal. Zaragoza, Madrid y París. Marta Vela
Sexo, amor y revolución. Hildegart Rodríguez
En torno a Paris, Texas *de Wim Wenders*. Varios autores
Futbología. La cultura del fútbol industrial. Luis Cantarero
Eugenesia y natalidad. Hildegart Rodríguez
Verissimum mendacium. Manuel Martínez-Forega
José Antonio Labordeta, diputado del pueblo. Conrad Blásquiz Herrero
Queremos tanto a Laura. Varios autores
Visor. Escritos de arte y cultura. Chus Tudelilla
Venancio Sarría Simón. Referente del republicanismo zaragozano (1900-1936). José María Azpíroz Pascual
Innovación pedagógica e inclusión educativa. Varios autores
Monsieur Teste. Paul Valéry
Un viaje como otro cualquiera. Valentín Dieste

Infantil

La Dama, el Duende y el Rey. Tres leyendas aragonesas. Roberto Malo, José María Tamparillas, Daniel Tejero y David Guirao
Moflete, el elegante. Agustín Porras y Arturo García Blanco
La ardilla poeta y el futuro del planeta. Pilimar Aguilar y Xcar Malavida
Moflete ya sabe contar. Agustín Porras y Arturo García Blanco
Agentes del futuro. María Frisa y Xcar Malavida
Minicó dice no. Nerea Mur
El príncipe que cruzó allende los mares. Roberto Malo, Francisco Javier Mateos y David Guirao
De tu abrazo a las estrellas. Victoria Alcalde y Ruth Alarcón
Mocoloco y Flemalarga. Nines Barcelona y Nerea Mur
San Jorge y el dragón. Daniel Nesquens y David Guirao
Antes de las nueve. Pablo Ferrer, Paula Figols, Marina Santos, Christian Peribáñez y Zaira Andrés
Erny, el monstruo de la Laguna Negra. María Álvarez e Irene Campos
Lex, el Tiranosaurio Rex. Roberto Malo, Daniel Tejero y Blanca Bk
La ardilla poeta y su libro de recetas. Pilimar Aguilar y Xcar Malavida
Un viernes soleado. Pepe Serrano y Raquel Samitier
Mika, el niño fantasma. Daniel Tejero y Bernal
La ardilla poeta y su pandilla secreta. Pilimar Aguilar y Xcar Malavida
Mi hermano es un pez. Roberto Malo, Daniel Tejero y Sofía Balzola
Ocho amigos escondidos. Alicia Juárez Sallén y Marta Gracia Carmona
Un cuento de regalo. Roberto Malo y Beatriz Barbero-Gil